Florence Funmilola Folami
Iyabo Yewande Ademuyiwa
Simeon Kayode Olubiyi

A transformação dos cuidados de saúde e a promessa da saúde móvel (mHealth)

Florence Funmilola Folami
Iyabo Yewande Ademuyiwa
Simeon Kayode Olubiyi

A transformação dos cuidados de saúde e a promessa da saúde móvel (mHealth)

ScienciaScripts

Imprint

Any brand names and product names mentioned in this book are subject to trademark, brand or patent protection and are trademarks or registered trademarks of their respective holders. The use of brand names, product names, common names, trade names, product descriptions etc. even without a particular marking in this work is in no way to be construed to mean that such names may be regarded as unrestricted in respect of trademark and brand protection legislation and could thus be used by anyone.

Cover image: www.ingimage.com

This book is a translation from the original published under ISBN 978-620-2-09443-6.

Publisher:
Sciencia Scripts
is a trademark of
Dodo Books Indian Ocean Ltd. and OmniScriptum S.R.L publishing group

120 High Road, East Finchley, London, N2 9ED, United Kingdom
Str. Armeneasca 28/1, office 1, Chisinau MD-2012, Republic of Moldova, Europe
Printed at: see last page
ISBN: 978-620-7-96964-7

ÍNDICE DE CONTEÚDOS

PREFÁCIO

Atualmente, a tecnologia afecta todos os aspectos da sociedade moderna. Não há nenhuma disciplina ou indústria que não tenha sido afetada pela tecnologia. Especificamente, quer estejamos a falar de transportes, comunicações, segurança, banca ou cuidados de saúde, todos eles dependem da tecnologia de uma forma ou de outra. Por esta razão, este livro, "Health Care Transformation and the Promise of Mobile Health (m-Health)" é muito oportuno para a nossa comunidade.

Como tecnólogo, posso dizer com orgulho que este imenso impacto da tecnologia é mais evidente no domínio da enfermagem e dos cuidados de saúde. Os avanços tecnológicos estão a revolucionar a forma como os cuidados de saúde estão a ser prestados. A tecnologia moderna alterou a estrutura e a organização de todo o sector da enfermagem. E este livro foi concebido para fornecer uma breve introdução ao potencial da saúde móvel na transformação dos cuidados de saúde.

Ao ler este livro, apercebi-me de algumas coisas que achei muito interessantes:

1.   A comunicação móvel oferece um meio eficaz de levar os serviços de saúde aos cidadãos dos países em desenvolvimento. A M-Saúde tem o potencial de ser uma força transformadora para a saúde da

população, alterando quando, onde e como os cuidados de saúde são prestados.

2. Para aumentar a cobertura dos cuidados de saúde nas regiões longínquas, rurais, pequenas ou escassamente povoadas e reduzir os custos, as tecnologias móveis de saúde têm potencial não só para reduzir os custos dos cuidados, mas também para melhorar o acesso aos cuidados, facilitar as comunicações entre os doentes e os prestadores e eliminar barreiras desnecessárias.

3. Os determinantes da saúde incluem não só os comportamentos individuais de saúde e os estilos de vida, mas também um vasto leque de condições sociais e económicas, incluindo o rendimento, o estatuto social, a educação, a situação profissional, a cultura, o acesso aos serviços de saúde e o ambiente.

4. Esta explosão da utilização de telemóveis tem o potencial de melhorar a prestação de serviços de saúde em grande escala.

5. Há muitas vantagens na utilização da m-Health, incluindo a sua versatilidade em todas as áreas dos cuidados de saúde e o seu potencial para melhorar a monitorização da saúde dos doentes em risco. Poderá permitir intervenções mais precoces e diminuir significativamente as admissões no hospital, bem como as visitas a outros prestadores de cuidados de saúde.

6. Foi revelado que estudos e avaliações preliminares de projectos,

tanto no mundo desenvolvido como no mundo em desenvolvimento, demonstram que a tecnologia móvel melhora a eficiência da prestação de cuidados de saúde e, em última análise, torna os cuidados de saúde mais eficazes.

7. O livro termina com alguns sistemas, como o Computerized Physician Order Entry (COPE) e o Clinical Decision Support System (CDSS), que podem melhorar os cuidados médicos rápidos e eficazes se forem utilizados de forma adequada.

Por último, os dispositivos móveis e as tecnologias vestíveis estão a tornar-se cada vez mais populares em toda a sociedade. Encorajo-nos a juntarmo-nos a centenas de milhões de pessoas que utilizam estes dispositivos em todo o mundo para monitorizar e gerir a sua saúde. Este pequeno livro irá estimular o seu apetite e ajudá-lo a simplificar o sistema de saúde para que se possa concentrar na sua saúde e bem-estar.

Blessing F. Adeoye, PhD.

Professor Associado, Tecnologia Educativa, Laureate International Universities, EUA.

Blessing. adeoye@email. waldenu. edu

DR. FLORENCE FUNMILOLA FOLAMI-ADEOYE

Florence Funmilola Folami -Adeoye cresceu como a segunda de catorze filhos numa "cidade situada numa colina" chamada Imesi-Ile, uma das principais cidades do Governo Local de Obokun, no Estado de Osun, na Nigéria. Florence licenciou-se no liceu de Imesi-Ile e prosseguiu os seus estudos de enfermagem na Escola de Enfermagem do Estado de Ondo, o seu caminho para o mundo e para a profissão de cuidadora. Duplicou a sua qualificação na Baptist Midwifery School, Saki, Estado de Oyo. Em busca de progressão profissional, juntou-se ao marido em Champaign, Illinois, Estados Unidos, em 1988. Obteve um Bachelor of Science in Nursing (BSN) e um Master of Science in Nursing (MSN) em 1996 e maio de 2004, respetivamente, na prestigiada Olivet Nazarene University, Bourbonnais, EUA. Prosseguiu os seus estudos com um Master of Science in Public Health na Universidade de Illinois, Urbana-Champaign, EUA. Obteve um Doutoramento em Filosofia, Saúde Pública (Educação para a Saúde) na Walden University, Minneapolis, EUA.

A primeira nomeação académica da Dra. Folami foi como assistente de ensino de pós-graduação na Universidade de Illinois, Champaign, Illinois, EUA. Para além do seu ensino rigoroso e do seu entusiasmo pela profissão de enfermagem, passou rapidamente para o cargo de

Professora Assistente de Enfermagem em 2005 na Universidade de Millikin, Decatur, Illinois, EUA. Tornou-se professora associada de Enfermagem na Universidade de Millikin, Decatur, Illinois, EUA. Regressou à Nigéria para se juntar ao marido e começou a trabalhar na Faculdade de Medicina da Universidade de Lagos. A Dra. Florence Folami- Adeoye, juntamente com o seu marido, o Dr. Blessing F. Adeoye, fundou os Ministérios da Cruz de Cristo, um ministério multidimensional baseado na Bíblia em Akute, Nigéria, em 2004. Recebeu vários subsídios, prémios e certificações.

Sra. IYABO YEWANDE ADEMUYIWA

Ademuyiwa, I.Y., MSc, FWACN é professor no Departamento de Ciências de Enfermagem, Faculdade de Ciências Clínicas, Universidade de Lagos. Nigéria. Obteve uma licenciatura em Enfermagem em 2001, na Universidade de Ibadan, Estado de Oyo. Nigéria; Mestrado em Ciências de Enfermagem (Enfermagem de Saúde Comunitária) no ano de 2010 na Universidade Obafemi Awolowo, Ile-Ife, Estado de Osun, Nigéria. Ademuyiwa obteve também algumas qualificações profissionais, tais como: enfermeira registada (RN) em 1995, parteira registada (RM) em 1997 e enfermeira educadora (NE) em 2001 e registada no Conselho de Enfermagem e Obstetrícia da Nigéria.

As suas áreas de especialização e interesse incluem: Enfermagem e prática de saúde comunitária, Enfermagem de saúde pública,

Informática de enfermagem, Informática de informação sobre saúde. A Sra. Ademuyiwa trabalhou anteriormente com o Conselho de Enfermagem e Obstetrícia da Nigéria (NMCN), órgão regulador da profissão de enfermagem na Nigéria. É membro ativo de algumas organizações nacionais e publicou vários artigos em revistas locais e internacionais.

DR. SIMEÃO KAYODE OLUBIYI

O Dr. Simeon Kayode Olubiyi cresceu como o segundo filho dos seus pais na cidade fronteiriça dos Estados de Oyo e Kwara chamada Erin-Ile. É Professor Catedrático no Departamento de Ciências de Enfermagem, Faculdade de Ciências Clínicas, Universidade de Ilorin. Obteve um Bacharelato em Enfermagem em 1995 na Universidade da Nigéria, Campus de Enugu, Estado de Enugu, Nigéria; um Mestrado em Ciências (Saúde Comunitária e Epidemiologia) e um Doutoramento em Filosofia (Ph.D.) em Saúde Pública em 1998 e 2014, respetivamente, na Universidade de Ilorin, Ilorin, Estado de Kwara, Nigéria. O Dr. Olubiyi também obteve algumas qualificações profissionais, tais como: Enfermeiro Registado (RN) em 1983, Diploma de Enfermagem Oftálmica e Gestão em 1990, Diploma de Pós-Graduação em Educação (2003) e Diploma de Pós-Graduação em Educação à Distância da Indira Gandhi National Open University, Índia, em 2006. Está registado no Conselho de Enfermagem e Obstetrícia da Nigéria.

As suas áreas de especialização e interesse incluem: Enfermagem e prática de saúde comunitária, Enfermagem de Saúde Pública, Prática de Enfermagem de Saúde Pública Baseada em Evidências, Informação de Saúde/informática, Investigação em Enfermagem e Promoção da Saúde e Mobilização de Massas. O Dr. Olubiyi trabalhou na Universidade Nacional Aberta da Nigéria como Coordenador do Programa de Enfermagem. É membro ativo de algumas organizações nacionais, coautor de livros sobre saúde e publicou vários artigos em revistas locais e internacionais. O Dr. Olubiyi é membro da Faculdade de Enfermagem da África Ocidental (FWACN) e da Commonwealth Professionals (Reino Unido). Os seus passatempos incluem: música, aconselhamento e leitura.

RECONHECIMENTO

Reconhecemos o Deus Todo-Poderoso através do qual todas as coisas são possíveis. Toda a glória e honra ao Senhor que nos concedeu a sabedoria, o conhecimento e a direção em todas as coisas.

CAPÍTULO 1

UMA PANORÂMICA DA SAÚDE MÓVEL

FLORENCE FOLAMI-ADEOYE

PhD_f MSPH_f MSN_f IBCLC_f RN_f RM_f RLC

Em qualquer dia, os enfermeiros são prestadores de cuidados, conselheiros e consoladores. Recentemente, as exigências que lhes são feitas aumentaram ainda mais. Os enfermeiros são agora confrontados com novos modelos de cuidados aos doentes e amplas métricas sobre a segurança e os resultados dos doentes que exigem uma comunicação frequente e o acesso a informações críticas. Os enfermeiros necessitam de soluções flexíveis e seguras que se concentrem em proporcionar comodidade e uma comunicação clara aos doentes. Estas soluções irão melhorar a proficiência, a produtividade e aumentar a satisfação dos pacientes.

A saúde móvel é definida pela Organização Mundial de Saúde em 2011 como a prática médica e de saúde pública apoiada por dispositivos móveis, tais como telemóveis, dispositivos de monitorização de pacientes, assistências digitais pessoais e outros dispositivos sem fios. A saúde móvel, também conhecida por m-Health, é a utilização de dispositivos electrónicos portáteis para a comunicação móvel de voz ou dados através de uma rede celular ou outra rede sem fios de estações de base para fornecer informações sobre saúde (Kahn, Yang,

& Kahn, 2010). A saúde móvel é uma disciplina emergente que se centra na utilização das tecnologias da informação e da comunicação para prestar serviços de saúde de qualidade (Steinbrook, 2009). Foram utilizados vários termos e terminologias diferentes nesta disciplina; por exemplo, os termos tele-saúde, telemedicina e informática da saúde foram utilizados indistintamente.

As iniciativas de saúde móvel evoluíram para melhorar o acesso aos serviços e a eficiência no âmbito da saúde das pessoas com pouco ou nenhum acesso a cuidados de saúde de qualidade. Os dispositivos móveis são componentes da tecnologia m-Health e têm sido os sectores de crescimento mais rápido (Folami, 2015). A Healthcare Information and Management Systems Society desenvolveu o mHealth Roadmap, um recurso fácil de utilizar que partilha as melhores práticas para a implementação de estratégias móveis e de mHealth. O M-Health Roadmap foi concebido para fornecer orientações aos hospitais e prestadores de cuidados de saúde que pretendem adotar e implementar tecnologias móveis.

O campo da saúde móvel surgiu como um subsegmento da saúde eletrónica, a utilização de tecnologias da informação e da comunicação (TIC), como computadores, telemóveis, satélites de comunicações, monitores de pacientes, etc., para serviços e informações de saúde (Odetola & Okanlawon, 2016). As aplicações de saúde móvel incluem a utilização de dispositivos móveis para recolher dados de saúde comunitários e clínicos, fornecer informações de saúde a profissionais, investigadores e pacientes, monitorizar em tempo real os sinais vitais dos pacientes e prestar cuidados diretamente. A comunicação móvel oferece um meio eficaz de levar os serviços de saúde aos cidadãos dos países em desenvolvimento. Com aparelhos de baixo custo e a penetração das redes de telemóveis a nível mundial, dezenas de milhões de cidadãos que nunca tiveram acesso regular a um telefone fixo ou a um computador utilizam agora dispositivos móveis como ferramentas diárias de comunicação e transferência de dados (Folami, 2014).

FIGURA 1

CAPÍTULO 2

HISTÓRIA DA INFORMÁTICA NA NIGÉRIA

I.Y.ADEMUYIWA

RN, RM, RNE, BSc, MSc, FWACN

A história da informática no domínio da saúde na Nigéria começou no final dos anos 80, quando foi iniciado um projeto de investigação em colaboração entre o centro de informática da Universidade de Kuopio, na Finlândia, e a Universidade Obafemi Awolowo e o Hospital Universitário Awolowo (OAUTHC), na Nigéria, iniciativa que fazia parte do INDEHELA (um projeto de investigação a longo prazo sobre o desenvolvimento da informática para a saúde em África). O projeto conjunto produziu um sistema de informação hospitalar muito rudimentar baseado na transferência de admissão e alta da Veterans Administration (VA), funcionando num PC autónomo, que foi utilizado no OAUTHC em 1991. O grupo organizou a primeira conferência internacional de trabalho sobre informática da saúde em África, que teve lugar de 19 a 23 de abril de 1993 em Ile-Ife, Nigéria (Idowu, Cornford e Bastin, 2008). Além disso, no final dos anos 90, a equipa de investigação finlandesa/nigeriana decidiu expandir o seu sistema rudimentar de informação hospitalar com o objetivo de desenvolver um sistema abrangente adequado para utilização em todos os hospitais-escola e centros médicos nigerianos. Planearam que, até ao ano 2001, todos os hospitais universitários da Nigéria teriam unidades de Informática da Saúde que utilizariam software normalizado.

Em 2003, a rede de hospitais estatais conhecida como SHONET foi desenvolvida para a partilha de recursos hospitalares através da rede informática na Nigéria. A SHONET foi desenvolvida para minimizar os custos de funcionamento dos hospitais estatais; os recursos hospitalares, como pessoal, laboratório e equipamento, serão distribuídos por várias zonas do estado. Em 2004, foi desenvolvido outro sistema no Departamento de Informática e Engenharia da Universidade Obafemi Awolowo, na Nigéria. O sistema foi desenvolvido para o encaminhamento de doentes de um hospital para outro, nomeadamente o processo do doente, a nota de encaminhamento e o resultado do exame médico, que eram transferidos manualmente de um hospital para outro e podiam ser transferidos através de uma rede informática.

Ogini e Nwadi (2012) afirmaram que a iniciativa de tele-enfermagem e informática de enfermagem é praticada na unidade de tele-medicina do Federal Medical Centre, (FMC) Owerri, Imo State, Nigéria. O Federal Medical Centre Owerri, Imo State, Nigéria, é um dos seis centros selecionados para o projeto-piloto de telemedicina no país. Este projeto foi iniciado pela Agência Nacional de Desenvolvimento da Investigação Espacial (NASRDA) em colaboração com o Ministério Federal da Saúde. Atualmente, estão a ser implementados projectos, nomeadamente: vigilância comunitária móvel, sistema micro-solar para a saúde materna, sistema de informação clínica eletrónica distribuída, geomapping de mulheres consumidoras de drogas e sistema de registos médicos electrónicos (EMR) para registos de imunização (eHealth Africa, projectos, 2015).

CAPÍTULO 3

SAÚDE DA POPULAÇÃO E SAÚDE MÓVEL

FLORENCE FOLAMI-ADEOYE

PhD, MSPH, MSN, IBCLC, RN, RM, RLC

A população é definida como um grupo de pessoas com caraterísticas semelhantes/necessidades de saúde que requerem intervenções de cuidados de saúde (Organização Mundial de Saúde, 2011). Na mesma linha, a saúde da população é definida como os resultados de saúde de um grupo de indivíduos, incluindo a distribuição de tais resultados dentro do grupo (Folami, 2014). Os domínios da saúde da população incluem os resultados em matéria de saúde, os padrões dos determinantes da saúde e as políticas e intervenções que ligam estes dois domínios (Friedman, Parrish, & Ross, 2013). Há uma variedade de formas em que a saúde móvel pode ser potencialmente utilizada para melhorar a saúde da população (Organização Mundial de Saúde, 2011). A saúde é uma prioridade nacional e internacional. A implementação eficaz da m-Health pode acrescentar estrategicamente um novo nível de solução aos actuais desafios que os cuidados de saúde enfrentam.

A densidade de enfermeiros e parteiras reduz significativamente a mortalidade infantil, mas não parece reduzir a mortalidade materna após o controlo de outros indicadores do sistema de saúde (Coyle,

2012). Infelizmente, existe uma grave escassez de profissionais qualificados, como enfermeiros, parteiras e médicos, na Nigéria (Friedman, Parrish, & Ross, 2013). Para aumentar a cobertura dos cuidados de saúde em regiões distantes, rurais, pequenas ou escassamente povoadas; juntamente com a preocupação de reduzir o custo dos cuidados de saúde (contenção de custos) em resultado da redução de recursos, as tecnologias móveis de saúde têm o potencial não só de reduzir os custos dos cuidados, mas também de melhorar o acesso aos cuidados, facilitar as comunicações entre o paciente e o prestador e remover as barreiras do tempo e da distância.

A saúde móvel tem o potencial de ser uma força transformadora para a saúde da população, alterando quando, onde e como os cuidados de saúde são prestados (Coyle, 2012). A recente proliferação de tecnologias sem fios e móveis oferece a oportunidade de ligar informações no mundo real através destas tecnologias para produzir fluxos contínuos de dados sobre o comportamento de um indivíduo. Os telemóveis, em particular os smartphones e outros dispositivos de computação móvel, estão cada vez mais disponíveis a nível mundial, o que aumenta o potencial de acesso e de melhoria dos programas de saúde, especialmente para a população rural e carenciada.

A tecnologia de saúde móvel é a utilização de redes e equipamentos de telecomunicações para a transferência de informações sobre cuidados de saúde entre participantes em diferentes locais. A saúde móvel pode ser implantada em quase todas as áreas dos cuidados de saúde, desde o sistema de resposta a emergências médicas até aos cuidados hospitalares e domiciliários. Pode também ser utilizada para cuidados diretos, educação de doentes e pessoal de saúde e administração de serviços de saúde. As ferramentas da saúde móvel, que é um subconjunto da telessaúde, incluem computadores, telefones, walkie- talkie, monitores de vídeo e redes de telecomunicações que ligam dois ou mais locais (Maria, 2012). É evidente que a tecnologia de saúde móvel melhora a eficiência da prestação de cuidados de saúde e, em última análise, torna os cuidados de saúde mais eficazes (Friedman, Parrish, & Ross, 2013). O objetivo e a expetativa a longo prazo é que os programas de saúde móvel tenham um impacto positivo demonstrável e significativo nos resultados clínicos, tais como a redução da morbilidade e mortalidade materna/infantil; maior esperança de vida e melhor qualidade de vida, e diminuição da contração de doenças.

A utilização da saúde móvel é relativamente recente em países em desenvolvimento como a Nigéria, especialmente em zonas rurais onde o acesso a cuidados pré-natais de qualidade é limitado. A acessibilidade a cuidados de qualidade, ao equipar as pessoas com mensagens de promoção da saúde e prevenção de doenças, permite-lhes tomar decisões de saúde mais bem informadas, reduzindo assim a morbilidade e a mortalidade associadas a estas doenças. Do mesmo modo, uma vez que existe uma forte ligação entre a educação, a aquisição de conhecimentos e a mudança de comportamento/atitude a longo prazo, espera-se que a saúde móvel promova comportamentos de procura de saúde, melhore os resultados dos problemas de saúde e restaure a confiança perdida no sector dos cuidados de saúde.

Os telemóveis estão agora prontamente disponíveis e acessíveis a um cidadão comum e com cerca de 120 milhões de assinantes activos de telemóveis na Nigéria (NCC, 2015), os telemóveis podem tornar-se ferramentas para o desenvolvimento. O objetivo é garantir que o potencial dos telemóveis seja concretizado, embora o desafio esteja estruturado em torno da tecnologia móvel, a opinião é que não se trata realmente da tecnologia; trata-se do que se faz com ela e, desta vez, do seu impacto na saúde da população.

Different Populations

FIGURA 2

CAPÍTULO 4

O CONCEITO DE SAÚDE

SIMEÃO KAYODE OLUBIYI

Doutoramento, MSc (Comm.H./Epid), B.Sc(N),RN,PGDE, PGDDE)

A saúde pode ser considerada como um estado de completo bem-estar físico, mental, social e espiritual de um indivíduo e não apenas a ausência de doença ou enfermidade (W.H.0,1948). Cada indivíduo e, de facto, todas as comunidades têm o seu próprio conceito de saúde, que tem alguma relação com a sua cultura. O conceito mais antigo de saúde é a "ausência de doença". Ainda hoje, a manutenção da saúde é negligenciada, exceto em condições de doença. Foi apenas nas últimas décadas que a saúde passou a ser concebida como um direito humano fundamental e um objetivo social mundial, ou seja, é essencial para a satisfação das necessidades humanas básicas e para a melhoria da qualidade de vida de todas as pessoas.

A perceção da saúde varia entre os membros de uma comunidade, incluindo vários grupos profissionais (por exemplo, cientistas biomédicos, cientistas sociais, especialistas, administradores de saúde, ecologistas, etc.), que apresentam pontos de vista variados sobre o conceito de saúde. O gozo do mais alto nível de saúde possível é um dos direitos fundamentais de todos os seres humanos, sem distinção de raça, religião, política, crença, isolamento económico e social. Além disso, a saúde de todas as pessoas é fundamental para a consecução da paz e da segurança e depende da mais completa cooperação de cada Estado. As realizações de qualquer Estado em matéria de proteção da saúde são importantes para todos. O desenvolvimento desigual dos diferentes países em matéria de promoção da saúde e de controlo das doenças, especialmente das doenças transmissíveis, constitui um perigo comum. O desenvolvimento saudável da criança é de importância fundamental; a capacidade de viver harmoniosamente num ambiente total em mutação é essencial para esse desenvolvimento. A extensão a todas as pessoas dos benefícios dos conhecimentos médicos, psicológicos e afins é essencial para a mais completa consecução da saúde. A opinião informada e a cooperação ativa por parte do público são da maior importância para a melhoria da saúde das pessoas (Olubiyi,2008).

Os programas de saúde comunitária são concebidos e planeados para satisfazer as necessidades de determinadas populações ou subpopulações de uma comunidade. Os enfermeiros de saúde comunitária utilizam esta abordagem para visar os determinantes da saúde ou os problemas de saúde, e o resultado desejado, em última análise, é a melhoria da saúde de uma determinada população no seio da comunidade; embora o enfoque possa ser numa escala maior e mais complexa em organizações nacionais ou mesmo internacionais. Esta abordagem enfatiza a focalização dos problemas de saúde "a montante", ou seja, deve avaliar o efeito a longo prazo dos comportamentos e programas.

Determinantes da saúde

Os determinantes da saúde são factores ou condições que determinam o estado de saúde ou o estado de saúde de um indivíduo. A saúde de um indivíduo é afetada por factores internos do próprio indivíduo e da sociedade em que vive. Estes factores podem ser promotores ou deletérios da saúde. O homem é afetado pela influência de vários factores complexos que podem enfraquecer lentamente a saúde de todos os seres vivos e que não podem ser explicados apenas pela abordagem biomédica. A abordagem biomédica, devido às suas caraterísticas e limitações, por mais sofisticada que seja, não está em condições de ter em conta todos os factores determinantes da saúde e, por conseguinte, não é suficiente para abordar as causas dos problemas de saúde relacionados com a gestão ambiental e situacional. A abordagem ecossistémica da saúde humana explora a relação entre os diferentes componentes de um ecossistema, a fim de identificar e avaliar os principais factores determinantes da saúde humana.

Os determinantes da saúde incluem não só os comportamentos individuais de saúde e os estilos de vida, mas também uma vasta gama de condições sociais e económicas, incluindo o rendimento, o estatuto social, a educação, a situação profissional, a cultura, o acesso aos serviços de saúde e o ambiente. Mais recentemente, estes determinantes da saúde expandiram-se para incluir vários factores psicossociais, como o género, a etnia e o estatuto socioeconómico (Singh Bolaria & Dickson, 2009; Rapheal, 2004; CHNAC, 2003). Não surpreende, porém, que a saúde móvel possa ser utilizada para educar e capacitar diferentes populações sobre estes determinantes modificáveis da saúde.

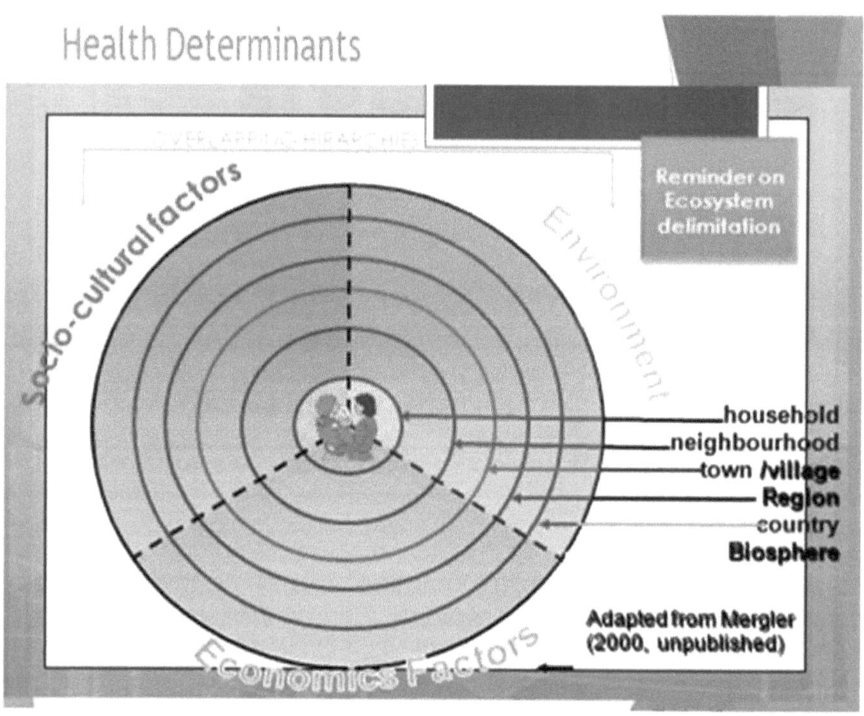

Factores predisponentes para a morbilidade e a mortalidade nos países em desenvolvimento

Vários factores têm sido associados à morbilidade e, na verdade, à mortalidade nos países em desenvolvimento, entre os quais a Nigéria

(Olubiyi,2008). Estes factores incluem a pobreza, as crenças socioculturais, os problemas de transporte, a atitude dos profissionais de saúde, as barreiras físicas e financeiras ao acesso a cuidados de saúde de qualidade. Todos estes factores conduzem a atrasos na decisão de procurar cuidados de saúde, de chegar ao estabelecimento de saúde e de obter cuidados de saúde de qualidade. Os factores incluem também uma infraestrutura nacional de saúde deficiente, que resulta numa distribuição inadequada das instalações nas zonas rurais, na incapacidade das instalações de saúde para prestar um nível mínimo de cuidados e na má distribuição do pessoal de saúde, que favorece os centros urbanos (Ademiluyi & Aluko-Arowolo, 2009; Aluko-Arowolo, 2008; Dogo-Mohammed, 2009). De acordo com a Organização Mundial de Saúde em 2008, um profissional de saúde qualificado foi definido como "um profissional de saúde credenciado, como uma parteira, um médico ou um enfermeiro, que foi educado ou treinado para dominar as competências necessárias para gerir várias necessidades de saúde".

Eficácia do programa M-health na melhoria da saúde e na luta contra a morbilidade e a mortalidade

[st]À medida que a segunda década do século XXI se aproxima do fim, os líderes de muitos países em desenvolvimento podem orgulhar-se dos enormes progressos registados nos seus esforços para melhorar a vida dos seus cidadãos. Os desafios no domínio da saúde constituem, sem

dúvida, o obstáculo mais significativo ao desenvolvimento global sustentável. A doença e a falta de cuidados preventivos adequados têm um impacto significativo nas populações em desenvolvimento, mensurável em anos de vida ajustados à incapacidade (DALY) e nas economias. A cada minuto, pelo menos uma mulher morre devido a complicações relacionadas com a gravidez ou o parto; e por cada mulher que morre durante o parto, cerca de 20 outras sofrem lesões, infecções ou doenças - quase 10 milhões por ano. Estima-se que 2,5 milhões de pessoas tenham sido infectadas pelo VIH em 2007. Doenças transmissíveis e totalmente evitáveis, como a tuberculose (TB) e a malária, continuam a ceifar vidas devido a factores evitáveis, como a falta de acesso a medicamentos e tratamentos médicos adequados. A capacidade dos países em desenvolvimento para ultrapassar estes graves desafios no domínio da saúde é dificultada por vários obstáculos fundamentais, entre os quais a escassez mundial de profissionais de saúde.

De acordo com a OMS, em 57 países, principalmente nos países em desenvolvimento, existe um défice crítico de profissionais de saúde, representando um défice total de 2,4 milhões de profissionais de saúde em todo o mundo. Este défice de recursos humanos representa um grande perigo, intensificando assim a pressão já crescente sobre os sistemas de saúde dos países em desenvolvimento. Este facto contribui para a implantação de tecnologias móveis para a saúde.

CAPÍTULO 5

A PROMESSA DAS TECNOLOGIAS MÓVEIS PARA A SAÚDE

FLORENCE FOLAMI-ADEOYE

PhD, MSPH, MSN, IBCLC, RN, RM, RLC

As comunicações móveis constituem um meio eficaz de levar os serviços de saúde aos cidadãos dos países em desenvolvimento. Com aparelhos de baixo custo e a penetração das redes de telefonia móvel a nível mundial, dezenas de milhões de cidadãos que nunca tiveram acesso regular a um telefone fixo ou a um computador utilizam agora dispositivos móveis como ferramentas diárias de comunicação e transferência de dados. 64% de todos os utilizadores de telemóveis encontram-se atualmente nos países em desenvolvimento.

São muitas as evidências (Odetola e Okanlawon, 2016; Folami, 2016) que revelam que os cidadãos do mundo em desenvolvimento têm acesso abundante a telemóveis, mesmo quando outras tecnologias e infra-estruturas de saúde são escassas. Esta explosão da utilização de telemóveis tem o potencial de melhorar a prestação de serviços de saúde em grande escala. Por exemplo, a tecnologia móvel pode apoiar sistemas de saúde cada vez mais inclusivos, permitindo que os profissionais de saúde forneçam informações e diagnósticos de saúde em tempo real em zonas rurais e marginalizadas, onde os serviços de saúde são frequentemente escassos ou inexistentes. Um número crescente de países em desenvolvimento está a utilizar a tecnologia móvel para responder às necessidades de saúde. O domínio da saúde móvel é extremamente dinâmico e a gama de aplicações que estão a ser concebidas está em constante expansão. As principais aplicações para a saúde móvel nos países em desenvolvimento são:

Educação e sensibilização

Popularizado por adolescentes nos países ocidentais que queriam um meio de comunicação de baixo custo com os amigos, o serviço de mensagens curtas (SMS) oferece agora um método económico, eficiente e escalável de prestação de serviços de proximidade para uma vasta gama de questões de saúde (Odetola e Okanlawon, 2016). Nas aplicações de educação e sensibilização, as mensagens SMS são enviadas diretamente para os telemóveis dos utilizadores para oferecer informações sobre métodos de teste e tratamento, disponibilidade de serviços de saúde e gestão de doenças. Estudos formais e provas anedóticas demonstram que os alertas SMS têm um impacto mensurável e uma maior capacidade de influenciar o comportamento do que as campanhas de rádio e televisão (Nelson, Maruish, & Axler, 2000; Karter et al, 2004). Os alertas por SMS têm ainda a vantagem de serem relativamente discretos, oferecendo confidencialidade ao destinatário em ambientes onde a doença (especialmente o VIH/SIDA) é frequentemente um tabu. No mundo em desenvolvimento, os alertas por SMS têm-se revelado particularmente eficazes para atingir populações difíceis de alcançar e zonas rurais, onde a ausência de clínicas, a falta de profissionais de saúde e o acesso limitado a informações relacionadas com a saúde impedem muitas vezes as pessoas de tomar decisões informadas sobre a sua saúde.

Ao promover comportamentos conscientes em matéria de saúde, os programas de educação e sensibilização para a saúde móvel atualmente em vigor já tiveram impactos positivos. A ubiquidade e o baixo custo das mensagens SMS têm o potencial de mudar o paradigma da educação para a saúde, comunicando com as pessoas de uma forma acessível e cativante que respeita a sua privacidade e lhes dá as ferramentas para fazerem escolhas informadas.

Recolha remota de dados

A recolha de dados é outra componente crucial dos programas de saúde pública. Os decisores políticos e os prestadores de cuidados de saúde a nível nacional, regional e comunitário necessitam de dados exactos para avaliar a eficácia das políticas e programas existentes e para definir novos programas. No mundo em desenvolvimento, a recolha de informações no terreno é particularmente importante, uma vez que muitos segmentos da população raramente podem deslocar-se a um hospital, mesmo em caso de doença grave. A recolha de dados no local onde os doentes vivem é vital e, idealmente, a informação deve ser actualizada e estar acessível em tempo real. O processo de recolha de dados é mais eficiente e fiável se for realizado através de telefones inteligentes, PDAs ou telemóveis, em vez de inquéritos em papel que têm de ser apresentados pessoalmente e introduzidos manualmente na base de dados central de saúde, ajudando assim a atribuir recursos de forma mais eficiente e a ajustar os programas e as políticas em conformidade.

Monitorização remota

Um dos serviços mais adequados para crescer em conjunto com a tecnologia móvel é a monitorização remota de doentes. A monitorização remota abre novas possibilidades para o tratamento de doentes em ambulatório, uma capacidade crucial nos países em desenvolvimento onde o acesso a camas de hospital e clínicas é limitado. Este grupo de aplicações consiste em comunicações unidireccionais ou bidireccionais para monitorizar o estado de saúde, manter as consultas dos prestadores de cuidados ou assegurar a adesão ao regime de medicação. Algumas aplicações podem também incluir sensores de internamento e de ambulatório para monitorizar várias doenças.

As evidências mostram que a adesão rigorosa a um regime de medicação é essencial para o tratamento eficaz de uma variedade de problemas de saúde, desde a SIDA à diabetes. Além disso, a monitorização de doentes em casa para doenças crónicas melhora drasticamente as taxas de sobrevivência. As aplicações de monitorização à distância estão a ser implementadas de forma relativamente limitada nos países em desenvolvimento, mas estão a ganhar força no mundo desenvolvido, sobretudo no que diz respeito às doenças crónicas. A nível mundial, prevê-se que a monitorização à distância se generalize e melhore significativamente os resultados em termos de saúde para uma vasta gama de doenças transmissíveis e crónicas.

Comunicação e formação para os profissionais de saúde

A escassez aguda de profissionais de saúde é um dos principais desafios que os sectores da saúde dos países em desenvolvimento enfrentam. A formação de novos quadros de profissionais de saúde e a capacitação dos actuais trabalhadores, a fim de aumentar a satisfação no trabalho e reduzir o desgaste, são essenciais para satisfazer as necessidades de capital humano. A ligação dos profissionais de saúde a fontes de informação através da tecnologia móvel é uma base sólida para a capacitação, uma vez que fornece o apoio de que necessitam para desempenharem as suas funções de forma eficaz e autossuficiente.

Há também uma necessidade premente de melhorar a comunicação entre as diferentes unidades de saúde para facilitar uma assistência mais eficiente aos doentes. Devido à escassez de telemóveis landline e de computadores com acesso à Internet, não é invulgar, por exemplo, que um doente seja enviado para o hospital regional pela clínica local, apenas para descobrir que não há camas disponíveis. Os telemóveis podem ajudar a colmatar estas falhas de comunicação que, no contexto da saúde, podem muitas vezes significar a diferença entre vidas perdidas e vidas salvas.

Rastreio de surtos de doenças e epidemias

Os surtos de doenças transmissíveis começam frequentemente em bolsas e, quando não são detectados, podem evoluir para epidemias. Há muitos exemplos recentes desses surtos devastadores, desde a cólera e a tuberculose à febre de dengue e à Síndrome Respiratória Aguda Grave (SARS). A utilização de dispositivos móveis, com a sua capacidade de captar e transmitir rapidamente dados sobre a incidência de doenças, pode ser decisiva para a prevenção e contenção de surtos. As aplicações de saúde móvel de rastreio de surtos de doenças e epidemias estão a ser utilizadas no Peru, no Ruanda e na Índia como um sistema de alerta precoce, permitindo aos funcionários da saúde pública monitorizar a propagação de doenças infecciosas. Antes da adoção das redes móveis, os funcionários da saúde pública dependiam das comunicações escritas, por satélite e por rádio para esse acompanhamento de emergência. A migração desta função para sistemas móveis está simultaneamente a melhorar a qualidade dos dados e a reduzir os custos.

Apoio ao diagnóstico e ao tratamento

O diagnóstico e o apoio ao tratamento são de importância vital nos cuidados de saúde. Um diagnóstico incorreto ou a incapacidade de diagnosticar uma doença pode ter consequências graves, ou mesmo fatais. As aplicações M-health nesta área foram concebidas para fornecer aconselhamento em matéria de diagnóstico e tratamento a profissionais de saúde remotos através do acesso sem fios a bases de dados de informações médicas ou a pessoal médico. Com os diagnósticos e o apoio ao tratamento possibilitados pela m-health, os doentes podem receber tratamento nas suas aldeias e casas, evitando a necessidade de visitas hospitalares dispendiosas, que estão fora do alcance de muitos.

As aplicações de diagnóstico e tratamento utilizam o telemóvel como um dispositivo de ponto de atendimento. Os telemóveis dos profissionais de saúde estão normalmente equipados com ferramentas especializadas, como software incorporado que conduz o trabalhador através de um processo de diagnóstico passo a passo. Uma vez introduzidos os dados no sistema (por exemplo, sintomas e uma imagem da lesão de um doente captada no telemóvel), os profissionais médicos à distância podem diagnosticar a doença e prescrever o tratamento. Ao eliminar a necessidade de deslocação do doente, estas aplicações têm o potencial de aumentar drasticamente o acesso aos cuidados de saúde.

CAPÍTULO 6

RELAÇÃO ENTRE A SAÚDE MÓVEL E OS RESULTADOS EM MATÉRIA DE SAÚDE

FLORENCE FOLAMI-ADEOYE

PhD, MSPH, MSN, IBCLC, RN, RM, RLC

As faltas às consultas são uma das principais causas de ineficiência na prestação de cuidados de saúde, com custos monetários substanciais para o sistema de saúde, levando a atrasos no diagnóstico e no tratamento adequado. A não comparência também pode estar associada a resultados adversos para a saúde das pessoas que faltam às consultas (Glynn, Murphy, Smith, Schroeder, & Fahey, 2012). O esquecimento dos doentes é uma das principais razões para as faltas às consultas e os lembretes podem ajudar a atenuar este problema. As formas de comunicar lembretes de consultas aos doentes incluem a comunicação cara a cara, mensagens postais, chamadas para telefones fixos ou telemóveis e mensagens por telemóvel. As aplicações de mensagens para telemóveis, como o Serviço de Mensagens Curtas (SMS) e o Serviço de Mensagens Multimédia (MMS), podem constituir um meio importante e pouco dispendioso para a comunicação de lembretes de consultas de saúde (Car et al, 2012). Chen et al (2008), num ensaio sobre métodos de lembrete para aumentar as taxas de comparência, concluíram que, embora os lembretes por SMS e por telefone fossem igualmente eficazes, os SMS eram mais rentáveis.

O acesso limitado aos serviços de saúde está associado a baixos cuidados pré-natais e à mortalidade materna e perinatal (Temple et al, 2008). A m-Saúde pode ser uma estratégia muito útil para os países de baixo e médio rendimento para melhorar os cuidados pré-natais, tal como sugerido por vários programas como o[z] Wired Mothers' implementado na Tanzânia, Nigéria, Sérvia e EUA (Noordam et al, 2011; Lund, 2012; Odetola e Okanlawon, 2016, Parker et al, 2012 e Evans et al, 2012) em que são enviadas mensagens de texto específicas do período gestacional às mulheres subscritoras para fornecer material educativo. No entanto, o impacto destes programas ainda está a ser avaliado (Evans e Abroms, 2012; Parker et al, 2012; Noordam et al, 2011). Os telemóveis são únicos entre as outras tecnologias porque proporcionam aos indivíduos comunicação de voz portátil (particularmente valiosa entre os analfabetos), transferência rápida e curta de texto e capacidades de sinalização. Tornando-se rapidamente uma área popular e importante, o SMS faz parte de um domínio mais vasto da saúde móvel, conhecido como m-Health, que é a prática da medicina, da enfermagem e da saúde pública apoiada por dispositivos móveis.

A utilização de telemóveis como meio para prestar cuidados de saúde tem vantagens distintas, na medida em que ultrapassa fronteiras geográficas, religiosas e económicas, pode ser entregue diretamente às pessoas e é fácil de utilizar (Rice e Katz, 2003; Ling, 2004; Atun e Sittampalam, 2006; Goggin, 2006). Além disso, o serviço de mensagens curtas (SMS), também conhecido por mensagens de texto, tem vindo a ganhar popularidade como forma de fornecer informações sobre saúde devido à sua simplicidade, baixo custo e capacidade de servir de estímulo imediato à ação. O SMS é um serviço de mensagens com um máximo de 160 caracteres de e para telefones fixos e móveis. As mensagens de texto SMS são a aplicação de dados mais utilizada no mundo, com mais de 2,4 mil milhões de utilizadores. O dobro do número de pessoas que utilizam a Internet utiliza o SMS.

Mobile Health Devices

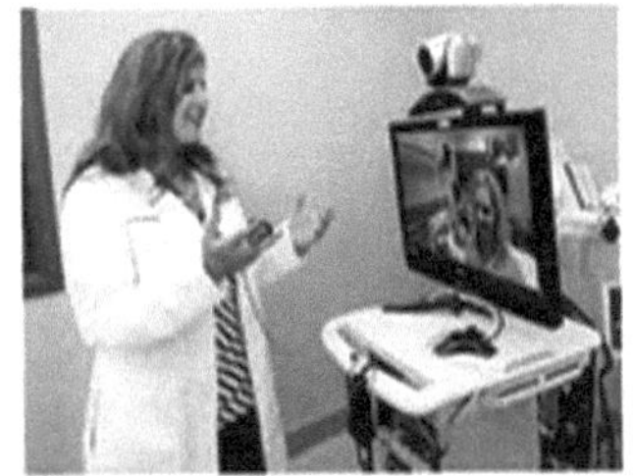 

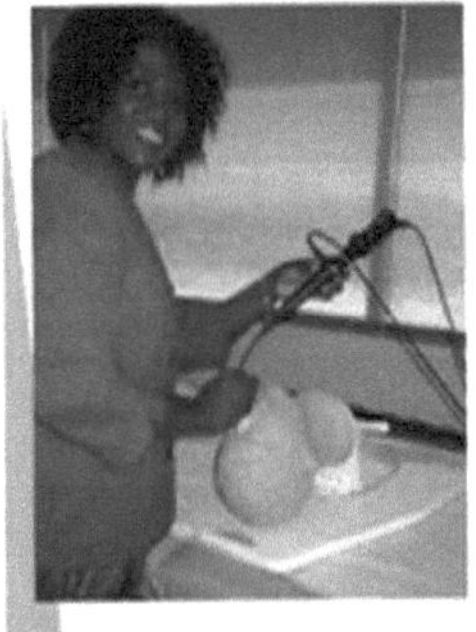  

CAPÍTULO 7

EXPLORAR O IMPACTO DOS PROJECTOS DE SAÚDE MÓVEL

FLORENCE FOLAMI-ADEOYE

PhD, MSPH, MSN, IBCLC, RN, RM, RLC

Colocar os dispositivos móveis clínicos à prova A Nike foi a líder da equipa de Informática Clínica para um programa piloto que permitiu aos executivos e enfermeiros de cada departamento de um hospital avaliar uma variedade de dispositivos móveis. O teste de dispositivos móveis deu aos enfermeiros a oportunidade de utilizar dispositivos smartphone no trabalho durante um período de tempo estabelecido. O ensaio foi simplificado e centrado nos cuidados aos doentes. Foi-lhes pedido que classificassem a sua funcionalidade e desempenho numa escala de 1 a 5 (sendo 5 o melhor), com base numa dúzia de aspectos de desempenho, incluindo: comunicação com os prestadores de serviços, segurança da medicação, segurança dos doentes, facilidade de navegação, funcionalidade de envio de mensagens de texto, facilidade de limpeza e muito mais.

Estudos formais e avaliações preliminares de projectos, tanto no mundo desenvolvido como no mundo em desenvolvimento, demonstram que a tecnologia móvel melhora a eficiência da prestação de cuidados de saúde e, em última análise, torna os cuidados de saúde mais eficazes (Nelson, Maruish, & Axler, 2000; Karter et al, 2004). O objetivo e a expetativa a longo prazo é que os programas de saúde móvel tenham um impacto positivo demonstrável e significativo nos resultados clínicos, como a redução da mortalidade infantil, o aumento da esperança de vida e a diminuição da contração de doenças.

Os estudos clínicos publicados sobre programas de saúde móvel apontam para um argumento cada vez mais forte a favor de uma implementação alargada da saúde móvel. A saúde dos doentes foi melhorada de várias formas:

Melhoria do cumprimento e da adesão aos regimes de tratamento:

A utilização do m-health oferece o potencial de fornecer intervenções de comportamento de saúde adaptadas às caraterísticas de base de uma pessoa, como a doença, a demografia, bem como comportamentos que mudam frequentemente e contextos ambientais. Uma revisão de ensaios clínicos aleatórios mostrou que os sistemas de lembretes, para além dos lembretes enviados por correio, melhoraram a adesão dos pacientes (Kahn, Yang, & Kahn, 2010; Glynn, Murphy, Smith, Schroeder, & Fahey, 2012).

Existe potencial para melhorar a adesão através de avisos diretos aos doentes por chamada de voz ou serviço de mensagens curtas (SMS). Do mesmo modo, pode ser utilizada a tecnologia sem fios que utiliza redes telefónicas. Um estudo piloto de 2007 na África do Sul demonstrou que a adesão dos doentes aumentou para mais de 90%, em áreas que anteriormente registavam uma adesão de 22-60%, quando se utilizou um dispositivo móvel conhecido como SIMpill (Barclay, 2009). O SIMpill é um recipiente de medicação que interage com um telemóvel atribuído para lembrar o doente de que ainda não tomou a dose seguinte. As dosagens repetidas ou falhadas são comunicadas aos profissionais de saúde, que depois fazem o acompanhamento do doente e marcam uma consulta presencial.

Melhores resultados em termos de sensibilização do público e melhor gestão da doença:

Um estudo recente realizado nos Estados Unidos sobre a utilização de PDAs sem fios por doentes com diabetes tipo 2 revelou que os utilizadores regulares apresentam maiores melhorias nos indicadores de açúcar no sangue do que os utilizadores menos frequentes. Numa revisão sistemática das mensagens de texto como intervenção para a prevenção e gestão de doenças, os autores afirmam que existem provas de efeitos a curto prazo nas mudanças de comportamento ou nos resultados clínicos relacionados com a prevenção e gestão de doenças, como a cessação do tabagismo, a auto-monitorização dos níveis de glicose no sangue, a perda de peso e a diminuição da hemoglobina AlC (Patrick, Griswold, & Intille, 2012). Sugeriram também que a utilização de intervenções de saúde móvel tem a capacidade de interagir com o indivíduo com uma frequência muito maior e no contexto do comportamento, num momento conveniente para o paciente.

M-health e divulgação de informações sobre saúde entre a população:

A prevenção primária é a chave para a redução da incapacidade e da doença, e a tecnologia de saúde móvel (mHealth) constitui um canal eficaz para o conseguir. A saúde móvel tem um grande potencial para melhorar a prevenção primária. Mais do que qualquer outra tecnologia moderna, os telemóveis são utilizados em todo o mundo. As aplicações inovadoras da tecnologia móvel aos actuais sistemas de prestação de cuidados de saúde e de monitorização são muito promissoras para melhorar a qualidade de vida. A informação pode ser distribuída através de serviços de mensagens de texto, chamadas de voz ou correio eletrónico como método de prestação de cuidados (Barrigan, Poropatich & Casscells, 2010). À medida que os telemóveis se tornam uma das primeiras tecnologias a inverter o fosso digital, é necessário ter cuidado para garantir que a informação recebida é exacta e interpretada corretamente; caso contrário, existe o risco de agir com base em informação enganosa ou falsa.

Mensagens como motor de pesquisa

As mensagens podem atuar como um motor de busca para procurar cuidados, aumentando potencialmente a saúde da população. As redes sociais também podem ser eficazes na promoção da saúde, nomeadamente no incentivo a comportamentos saudáveis através de mensagens cuidadosamente elaboradas e divulgadas por mensagens de texto. As mensagens podem visar a prevenção do consumo de tabaco, a cessação do tabagismo, melhores escolhas alimentares, evitar comportamentos sexuais de risco e prevenir a violência e as lesões.

Uma potencial desvantagem, no entanto, é que mensagens mal concebidas ou implementadas correm o risco de antagonizar, dessensibilizar ou confundir o público. Com a tecnologia a tornar-se cada vez mais global, e com o crescente acesso à tecnologia entre os jovens de todo o mundo, existe um potencial significativo para que a saúde móvel tenha um impacto real nos resultados de saúde (Kahn, Yang, & Kahn, 2010). A penetração da telefonia móvel nos países em desenvolvimento, onde as tecnologias sem fios ultrapassaram a infraestrutura informática com fios, provocou um entusiasmo considerável na comunidade da saúde global com a perspetiva de alcançar e seguir indivíduos que anteriormente eram inalcançáveis (Terry, 2008; Kossaraju, Barrigan, Poropatich & Casscells, 2010).

CAPÍTULO 8

REGISTOS DE SAÚDE ELECTRÓNICOS (EHRS)

FLORENCE FOLAMI-ADEOYE

PhD, MSPH, MSN, IBCLC, RN, RM, RLC

Há dez anos, um hospital financiou e implementou um sistema de intercâmbio de informações de saúde chamado Quality Health Network no oeste do Illinois, EUA. Esta tecnologia dá-lhes a capacidade de receber grande parte dos seus dados clínicos de laboratórios e hospitais em formato eletrónico. Também preenche a sua base de dados de informações de saúde, à qual podem aceder para obter informações clínicas adicionais sobre os seus doentes que poderão não constar dos seus próprios registos médicos. A sua clínica decidiu "arriscar" e adquirir um sistema de registos de saúde electrónicos (RSE) três anos depois. Nessa altura, os EHR anunciavam que a sua ferramenta permitia uma documentação mais completa dos encontros com os doentes, o que significava que as consultas podiam ser facturadas a um nível de serviço mais elevado. Diziam também que esta tecnologia se pagaria a si própria no espaço de alguns anos. Infelizmente, a discussão sobre os EHR centrava-se na documentação dos cuidados e não na forma de utilizar a tecnologia para melhorar a qualidade dos cuidados.

A constante da tecnologia é que está sempre a mudar, sempre a evoluir. Um registo de saúde eletrónico (EHR), ou registo médico eletrónico (EMR), é a recolha sistematizada de informações de saúde armazenadas eletronicamente num formato digital para os doentes e a população (Gunter, Terry, & Nicolas, 2005). Estes registos podem ser partilhados em diferentes contextos de cuidados de saúde. Os registos são partilhados através de sistemas de informação ligados em rede, à escala da empresa, ou de outras redes e intercâmbios de informação. Os registos médicos electrónicos podem incluir uma série de dados, nomeadamente dados demográficos, historial médico, medicação e alergias, estado de imunização, resultados de análises laboratoriais, imagens radiológicas, sinais vitais, estatísticas pessoais como a idade e o peso, e informações de faturação (Habib, 2010).

Privacidade e segurança das informações de saúde

A necessidade de privacidade e segurança está na vanguarda do movimento da saúde. Tal como os registos médicos em papel, os registos electrónicos devem ser sempre privados e seguros. Os prestadores de cuidados de saúde podem ajudar a proteger as informações dos doentes através de controlos de acesso para garantir que apenas as pessoas autorizadas podem aceder às informações de saúde.

Política de registos médicos

Existem várias políticas de registos de saúde, como por exemplo a lei de portabilidade e responsabilidade dos seguros de saúde (HIPPA). A política ajuda a estabelecer diretrizes para o conteúdo, manutenção e confidencialidade dos registos médicos dos doentes que cumprem os requisitos estabelecidos nas leis e regulamentos federais e estatais, e a definir a parte das informações de saúde de um indivíduo, em papel ou em formato eletrónico, que constituem o registo médico-dentário.

A instituição de saúde assegura que o registo de saúde protegido do doente é mantido de uma forma coerente com os requisitos legais, que o registo atual, normalizado, detalhado e organizado está disponível para os profissionais em cada encontro com o doente. Isto facilita a coordenação e a continuidade dos cuidados. Também permite uma análise eficaz, atempada e de qualidade dos cuidados e serviços. Todo o pessoal que tenha acesso aos registos de saúde protegidos dos pacientes deve assinar a declaração de confidencialidade do centro de saúde.

Desafios dos sistemas baseados em papel

Os sistemas em papel podem ser ineficientes. É fácil perder ou arquivar incorretamente as informações nos registos em papel. Espera-se que os prestadores de cuidados de saúde se lembrem de muitas diretrizes complexas, muitas vezes sem qualquer ajuda (bloomberg & frieden, 2016). É difícil e moroso identificar os doentes com caraterísticas individuais (por exemplo, pessoas com diabetes ou doentes que tomam coumadina) nos registos em papel.

Benefícios dos EHRs para a prática

O EHRS pode ajudar a clínica a ser mais eficiente na gestão da clínica, dos registos e da comunicação. Ajuda a clínica a obter ganhos financeiros através de serviços rápidos e eficientes com funcionalidades de superfacturação eletrónica. Ajuda a clínica a obter ganhos financeiros, permitindo o acompanhamento de medidas de pagamento por desempenho e eliminando os custos de transcrição (Bloomberg & Frieden, 2016). Ajuda a melhorar a participação dos doentes nos seus próprios cuidados, permitindo a impressão de materiais educativos relevantes para os doentes e de ferramentas de autogestão durante o encontro com o doente.

Utilização significativa

Com a aprovação do American Recovery and Reinvestment Act de 2009, o Governo Federal afectou milhares de milhões de dólares para incentivar a difusão das TI no sector da saúde. O objetivo é utilizar as TI no domínio da saúde de forma significativa para melhorar a qualidade dos cuidados e reduzir a taxa crescente de despesas com cuidados de saúde neste país. A palavra-chave aqui é "significativa". "O simples facto de ter um sistema informático de registo de dados para documentar as visitas dos doentes não contribui muito para melhorar a qualidade dos cuidados de saúde e não ajuda a reduzir o custo dos mesmos. Os CDI oferecem a oportunidade de fazer muito mais.

A utilização significativa refere-se à utilização de tecnologias certificadas de sistemas de registo de dados electrónicos pelos prestadores de cuidados de saúde de forma a melhorar de forma mensurável a qualidade e a eficiência dos cuidados de saúde. O objetivo final é a prestação de cuidados de saúde centrados no doente, baseados em provas, orientados para a prevenção, eficientes e equitativos. Um dos principais conceitos dos sistemas de registo de dados electrónicos é a utilização significativa. A utilização significativa faz parte das normas e dos critérios desenvolvidos no domínio da saúde para incentivar uma transição harmoniosa e produtiva para os sistemas informáticos de gestão dos recursos humanos.

São muitos os aspectos que contribuem para um sistema informático de gestão empresarial típico.

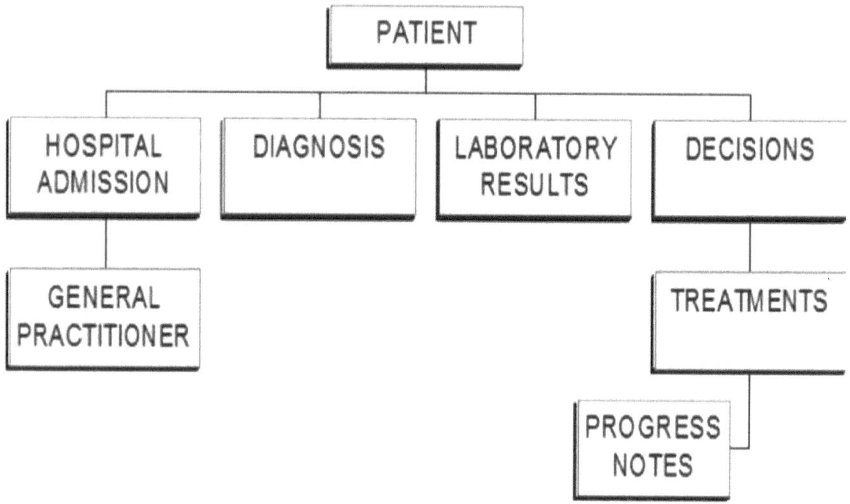

CAPÍTULO 9

INTRODUÇÃO INFORMATIZADA DE PEDIDOS MÉDICOS (CPOE)

I.Y.ADEMUYIWA

RN, RM, RNE, BSc, MSc, FWACN

O CPOE, que utiliza computadores para introduzir diretamente as encomendas, parece ser uma solução simples para reduzir os erros. No entanto, a conversão do papel para o computador não é uma questão simples. Existe um sistema subjacente de controlos e equilíbrios com outros prestadores de cuidados, como enfermeiros e farmacêuticos, que desempenham um papel significativo no processo de supervisão. Os sistemas de apoio à decisão clínica são necessários para que o CPOE seja mais bem sucedido na deteção de erros e na mudança de comportamento para implementar diretrizes. A abordagem dos factores humanos e da resposta emocional à mudança é crucial para o êxito da adoção do sistema CPOE. É necessária uma integração perfeita no processo de fluxo de trabalho para reduzir a resistência. Atualmente, o CPOE parece ser uma excelente ideia, mas é um processo complexo. Com a melhoria da tecnologia informática móvel, a comunicação sem fios segura e a troca de informações normalizada entre vários sistemas informáticos de cuidados de saúde, o CPOE pode entrar na prática médica numa base normal.

A introdução de ordens médicas informatizadas (CPOE), também designada por Computerized Provider Order Entry ou Computerized Provider Order Management, é um processo de introdução eletrónica de instruções do médico para o tratamento de doentes (particularmente doentes hospitalizados) sob os seus cuidados. Estas ordens são comunicadas através de uma rede informática ao pessoal médico ou aos departamentos (farmácia, laboratório ou radiologia) responsáveis pela execução da ordem. Várias análises detectaram problemas substanciais de qualidade em todo o sistema de saúde (Kuperman & Gibson, 2003).

A tecnologia da informação tem sido consistentemente identificada como um componente importante de qualquer abordagem de melhoria. A introdução de ordens médicas informatizadas (CPOE) é uma tecnologia promissora que permite aos médicos introduzir ordens num computador em vez de as escreverem à mão.

Benefícios do CPOE

Há estudos que documentam que o CPOE pode reduzir os custos, encurtar o tempo de internamento, diminuir os erros médicos e melhorar o cumprimento de vários tipos de diretrizes (Berger & Kichak, 2004). Outros benefícios incluem

O CPOE diminui o atraso na conclusão dos pedidos

- Reduz os erros relacionados com a escrita à mão ou a transcrição

- Permite a entrada de pedidos no ponto de atendimento ou fora do local

- Permite a verificação de erros de duplicação

- Previnesincorrectasdosesortestes

- Simplifica o inventário e o lançamento de despesas

- O CPOE é uma forma de software de gestão de doentes.

- Diminui a utilização excessiva, a subutilização e a utilização incorrecta dos serviços de saúde.

Caraterísticas dos sistemas CPOE

Encomendar

As ordens médicas são padronizadas em toda a organização, podendo ser individualizadas para cada médico ou especialidade através da utilização de conjuntos de ordens. As ordens são comunicadas a todos os departamentos e prestadores de cuidados envolvidos, melhorando o tempo de resposta e evitando problemas de agendamento e conflitos com ordens existentes.

Apoio à decisão centrado no doente

O processo de encomenda inclui uma visualização do historial médico do doente e dos resultados actuais e orientações clínicas baseadas em provas para apoiar as decisões de tratamento. Utiliza frequentemente o módulo de lógica médica e/ou a sintaxe Arden para facilitar sistemas de apoio à decisão clínica (CDSS) totalmente integrados.

Caraterísticas de segurança dos doentes

O sistema CPOE permite a identificação do doente em tempo real, recomendações de doses de medicamentos, análises de reacções adversas a medicamentos e verificações de alergias e conflitos de testes ou tratamentos. Os médicos e os enfermeiros podem rever as ordens imediatamente para confirmação.

Interface humana intuitiva

O fluxo de trabalho de entrada de encomendas corresponde às encomendas familiares "em papel" para permitir uma utilização eficiente por utilizadores novos ou pouco frequentes.

Conformidade regulamentar e segurança

O acesso é seguro e é criado um registo permanente, com assinatura eletrónica.

Portabilidade

O sistema aceita e gere os pedidos de todos os departamentos no local de prestação de cuidados, a partir de qualquer ponto do sistema de saúde (consultório médico, hospital ou domicílio), através de uma variedade de dispositivos, incluindo PCs sem fios e computadores tablet.

Gestão

O sistema fornece relatórios estatísticos online para que os gestores possam analisar o recenseamento de doentes e efetuar alterações no pessoal, substituir o inventário e auditar a utilização e a produtividade em toda a organização. Os dados são recolhidos para formação, planeamento e análise da causa principal dos eventos de segurança dos doentes. A documentação de faturação é melhorada através da associação de diagnósticos (códigos ICD-9-CM ou ICD-IO-CM) a encomendas no momento da entrada da encomenda para suportar encargos adequados (Oren , Shaffer & Guglielmo, 2003).

Riscos do CPOE

O CPOE apresenta vários perigos possíveis ao introduzir novos tipos de erros. A inexperiência do prescritor e do pessoal pode provocar uma introdução mais lenta das ordens

Utilizar mais tempo do pessoal

Mais lenta do que a comunicação pessoa a pessoa numa situação de emergência. A comunicação entre médicos e enfermeiros pode piorar se cada grupo trabalhar sozinho nos seus postos de trabalho. A automatização provoca uma falsa sensação de segurança, uma ideia errada de que quando a tecnologia sugere um curso de ação, os erros são evitados.

As selecções por atalho ou por defeito podem anular regimes de medicação não normalizados para doentes idosos ou com peso a menos, resultando em doses tóxicas. Os alertas e avisos frequentes podem interromper o fluxo de trabalho, fazendo com que estas mensagens sejam ignoradas ou anuladas devido ao cansaço dos alertas. O CPOE e a dispensa automatizada de medicamentos foram identificados como causa de erro por 84% de mais de 500 estabelecimentos de saúde que participaram num sistema de vigilância da Farmacopeia dos Estados Unidos. A introdução do CPOE num ambiente médico complexo exige alterações contínuas na conceção para fazer face a doentes e contextos de prestação de cuidados únicos. A supervisão rigorosa das anulações causadas pelos sistemas automáticos e a formação, teste e reciclagem de todos os utilizadores.

Limitações do CPOE

Os sistemas CPOE são difíceis de implementar, mas os benefícios projectados são reais. O CPOE tem sido comprovadamente eficaz na melhoria da eficiência e da exatidão das encomendas. Em contraste com a opinião popular de que o CPOE tem benefícios para a redução de acontecimentos adversos com medicamentos, Berger e Kichak contestam o relatório do Institute of Medicinel sobre as taxas de acontecimentos adversos, bem como as conclusões dos estudos Bates. Os autores referem que as taxas de acontecimentos adversos baseadas em estudos da década de 1980 eram imperfeitas devido à falta de grupos de controlo e que existiam outras falhas metodológicas. King e colegas demonstraram que o CPOE gerou uma diminuição de 40% nas taxas de erro de medicação, mas não foi demonstrada qualquer diferença efectiva na morbilidade ou mortalidade. Berger e Kichak também salientaram o conflito de interesses no Grupo Leapfrog, em que 10% das empresas estão envolvidas na venda de software ou hardware a organizações de cuidados de saúde. Numa revisão da literatura em 2003, Oren e colegas observaram que, apesar das provas publicadas sobre os efeitos do CPOE e de outras tecnologias, tais como máquinas de distribuição automática, códigos de barras e registos informatizados de administração de medicamentos, a literatura que apoia o impacto destas tecnologias na redução dos erros de medicação e dos eventos adversos com medicamentos era limitada porque muitos destes sistemas não podiam ser generalizados a outros sistemas. King e colegas, num estudo retrospetivo de coorte sobre a utilização do CPOE num serviço de internamento pediátrico, encontraram uma redução de 40% na taxa de erros de medicação, mas não na melhoria dos eventos adversos com medicamentos. Os custos do CPOE são substanciais, tanto em termos de tecnologia como de análise e reformulação de processos organizacionais, implementação do sistema e formação e apoio aos utilizadores. A introdução informatizada de pedidos médicos é uma tecnologia relativamente nova e não existe consenso sobre as melhores abordagens para muitos dos desafios que apresenta. Esta tecnologia pode trazer muitos benefícios significativos e é uma plataforma importante para futuras mudanças no sistema de saúde. Os líderes organizacionais devem defender a CPOE como uma ferramenta fundamental para melhorar a qualidade dos cuidados de saúde.

CAPÍTULO 10

SISTEMA DE APOIO À DECISÃO CLÍNICA (CDSS)

I.Y.ADEMUYIWA

RN, RM, RNE, BSc, MSc, FWACN

Um sistema de apoio à decisão clínica (CDSS) é um sistema de tecnologia da informação no domínio da saúde que é Os sistemas de apoio à decisão clínica são "sistemas de conhecimento ativo que utilizam dois ou mais itens de dados do doente para gerar aconselhamento específico para cada caso. Os DSS clínicos são normalmente concebidos para integrar uma base de conhecimentos médicos, dados de doentes e um motor de inferência para gerar aconselhamento específico para cada caso. Os sistemas de apoio à decisão clínica (CDSS) constituem uma parte significativa do domínio das tecnologias de gestão dos conhecimentos clínicos devido à sua capacidade de apoiar o processo clínico e a utilização dos conhecimentos, desde o diagnóstico e a investigação até ao tratamento e aos cuidados a longo prazo. Os sistemas de apoio à decisão clínica estabelecem a ligação entre as observações de saúde e os conhecimentos em matéria de saúde, a fim de influenciar as escolhas dos clínicos para melhorar os cuidados de saúde (Weber, 2014).

Caraterísticas

Um sistema de apoio à decisão clínica foi cunhado como um "sistema de conhecimento ativo, que utiliza dois ou mais itens de dados do doente para gerar aconselhamento específico para cada caso. Isto implica que um CDSS é simplesmente um DSS que se concentra na utilização da gestão do conhecimento de forma a obter aconselhamento clínico para os cuidados do doente com base num certo número de itens de dados do doente.

Objetivo

Weber (2014) identificou que o principal objetivo dos CDSS modernos é ajudar os médicos no local de prestação de cuidados. Isto significa que um médico interage com um CDSS para ajudar a determinar o diagnóstico, a análise, etc. dos dados do paciente. As teorias anteriores de CDSS consistiam em utilizar o CDSS para tomar literalmente decisões pelo médico. O médico introduzia a informação e esperava que o CDSS produzisse a escolha "correta" e o médico simplesmente agia com base nessa informação. A nova metodologia de utilização do CDSS para prestar assistência obriga o médico a interagir com o CDSS, utilizando tanto os conhecimentos do médico como os do CDSS para efetuar uma melhor análise dos dados do doente do que a que o ser humano ou o CDSS poderiam fazer sozinhos. O CDSS apresenta sugestões de resultados ou um conjunto de resultados para o médico analisar e o médico seleciona oficialmente as informações úteis e elimina as sugestões erradas do CDSS.

As funções dos sistemas electrónicos de apoio à decisão clínica são:

- Administrativo: Apoio à codificação e documentação clínica, estratificação do risco do doente e modelação da utilização preditiva

- Gerir a complexidade clínica: Gestão de casos complexos para doentes com múltiplas doenças crónicas

- Controlo dos custos: Monitorização da utilização e prevenção da utilização desnecessária e autodeterminada de serviços dispendiosos

- Apoio à decisão: Apoio ao diagnóstico clínico e aos processos de planos de tratamento; e promoção da utilização das melhores práticas, de diretrizes específicas para cada doença e da gestão baseada na população.

Vantagens do CDSS e do EHR

Os CDSS serão mais benéficos quando a instalação de cuidados de saúde for 100% eletrónica, simplificando assim o número de modificações que têm de ocorrer para garantir que todos os sistemas estão actualizados. No entanto, os benefícios mensuráveis dos sistemas de apoio à decisão clínica no desempenho dos médicos e nos resultados dos doentes continuam a ser objeto de investigação em curso. Até à data, as revisões sistemáticas da literatura produziram correlações divergentes.

Tipos de CDSS

Existem dois tipos principais:

Baseado no conhecimento e não baseado no conhecimento

CDSS baseado no conhecimento

A maioria dos CDSS é constituída por três partes: a base de conhecimentos, o motor de inferência e o mecanismo de comunicação. A base de conhecimentos contém as regras e associações de dados compilados que, na maioria das vezes, assumem a forma de regras IF-THEN. Se se tratasse de um sistema para determinar interações medicamentosas, uma regra poderia ser: SE o medicamento X for tomado E o medicamento Y for tomado, ENTÃO alertar o utilizador. Utilizando outra interface, um utilizador avançado poderia editar a base de conhecimentos para a manter actualizada com novos medicamentos. O motor de inferência combina as regras da base de conhecimentos com os dados do doente. O mecanismo de comunicação permitirá que o sistema mostre os resultados ao utilizador, bem como a introdução de dados no sistema.

CDSS não baseados no conhecimento

Os CDSS que não utilizam uma base de conhecimentos recorrem a uma forma de inteligência artificial designada por aprendizagem automática, que permite aos computadores aprender com experiências passadas e/ou encontrar padrões em dados clínicos. Dois tipos de sistemas não baseados no conhecimento são as redes neuronais artificiais e os algoritmos genéticos.

As redes neuronais artificiais ou, de um modo mais geral, as redes neuronais utilizam nós e ligações ponderadas entre eles para analisar os padrões encontrados nos dados dos doentes, a fim de deduzir as associações entre os sintomas e um diagnóstico. Isto elimina a necessidade de escrever regras e de recorrer a peritos. Uma vez que o sistema não consegue explicar a razão pela qual utiliza os dados da forma que utiliza, a maioria dos médicos não os utiliza por razões de fiabilidade e responsabilidade.

Os Algoritmos Genéticos baseiam-se em processos evolutivos simplificados que utilizam a seleção dirigida para obter resultados CDSS óptimos. Os algoritmos de seleção avaliam componentes de conjuntos aleatórios de soluções para um problema. As soluções que se destacam são depois recombinadas e mutadas e passam novamente pelo processo. Isto acontece repetidamente até que a solução correta seja descoberta. São o mesmo que as redes neuronais, na medida em que derivam o seu conhecimento dos dados dos doentes. As redes não baseadas no conhecimento centram-se frequentemente numa lista restrita de sintomas, como os de uma única doença, por oposição à abordagem baseada no conhecimento, que abrange muitas doenças diferentes para o diagnóstico (Gardner, 2004). **Desafios clínicos CDSS**

As instituições médicas e as empresas de software têm-se esforçado por produzir CDSS viáveis para cobrir todos os aspectos das tarefas clínicas. No entanto, dada a complexidade dos fluxos de trabalho clínicos e a elevada procura de tempo por parte do pessoal, a instituição que implementa o sistema de apoio deve ter o cuidado de assegurar que o sistema se torna uma parte fluida e integrante do fluxo de trabalho. Para este efeito, os CDSS têm tido um sucesso variável, enquanto outros sofrem de problemas comuns que impedem ou reduzem a sua adoção e aceitação bem sucedidas (Zandieh, etal 2008).

Dois sectores do domínio dos cuidados de saúde em que os CDSS tiveram um grande impacto são os sectores da farmácia e da faturação. Os sistemas de farmácia e de encomenda de receitas médicas verificam agora as encomendas com base em lotes para detetar interações medicamentosas negativas e comunicam os avisos ao profissional que as encomenda. Estes sistemas existem normalmente tanto em contextos clínicos como em contextos mais comerciais, como o software utilizado pelas farmácias locais ou pelas cadeias de lojas.

Outro sector de sucesso do CDSS é a faturação e a apresentação de pedidos de reembolso. Uma vez que muitos hospitais dependem dos reembolsos da Medicare para manterem o seu estatuto operacional, foram criados sistemas para ajudar a examinar um plano de tratamento proposto e as regras actuais da Medicare, a fim de sugerir um plano que tente maximizar tanto os cuidados ao doente como as necessidades financeiras da instituição. Outros CDSS que visam as tarefas de diagnóstico têm tido êxito, mas são frequentemente muito limitados em termos de implantação e de âmbito.

Desafios técnicos e obstáculos à implementação

Os sistemas de apoio à decisão clínica enfrentam grandes desafios técnicos numa série de domínios. Os sistemas biológicos são profundamente complicados e uma decisão clínica pode utilizar uma enorme variedade de dados potencialmente relevantes. Por exemplo, um sistema eletrónico de medicina baseada em provas pode ter em conta os sintomas, a história clínica, a história familiar e a genética de um doente, bem como as tendências históricas e geográficas da ocorrência de doenças e os dados clínicos publicados sobre a eficácia dos medicamentos ao recomendar o tratamento de um doente. (Charette, 2013).

Geralmente, estes sistemas são aplicações autónomas que não estão integradas nos sistemas de saúde existentes, o utilizador clínico tem de parar de trabalhar no sistema atual, mudar para o CDSS e reintroduzir os dados necessários no CDSS que podem já existir noutro sistema eletrónico.

Outra fonte de discórdia com muitos sistemas de apoio médico é o facto de produzirem um grande número de alertas. Quando os sistemas produzem um grande volume de alertas (especialmente aqueles que não requerem escalonamento), para além do incómodo, os médicos podem prestar menos atenção aos alertas, fazendo com que alertas potencialmente críticos não sejam detectados.

Barreiras ao CDSS

As principais barreiras associadas aos CDSS consistem na viabilidade (custo), na fraca usabilidade/integração, na uniformidade, na não aceitação por parte dos médicos, na dessensibilização dos alertas, bem como nos principais campos de entrada de dados que têm de ser abordados aquando da implementação de um CDSS para evitar a ocorrência de potenciais eventos adversos (Zandieh, Kahyun , Gilad ,Daniel, Hyman & Kaushal (2008).

Avaliação

Para que um CDSS ofereça valor, tem de melhorar comprovadamente o fluxo de trabalho ou os resultados clínicos. A avaliação dos CDSS é o processo de quantificação do seu valor para melhorar a qualidade de um sistema e medir a sua eficácia. Uma vez que os diferentes CDSS servem diferentes objectivos, não existe uma métrica genérica que se aplique a todos esses sistemas; no entanto, atributos como a consistência (com ele próprio e com os peritos) aplicam-se frequentemente a um vasto espetro de sistemas.

Berner & Tonya (2007) afirmaram que a referência de avaliação para um CDSS depende do objetivo do sistema: por exemplo, um sistema de apoio à decisão de diagnóstico pode ser classificado com base na consistência e precisão da sua classificação da doença (em comparação com os médicos ou outros sistemas de apoio à decisão). Um sistema de medicina baseada em provas pode ser classificado com base numa elevada incidência de melhorias para os doentes ou num maior reembolso financeiro para os prestadores de cuidados.

CAPÍTULO 11

IMPLEMENTAÇÃO DA SAÚDE MÓVEL EM PAÍSES DE ÁFRICA

FLORENCE FOLAMI-ADEOYE

PhD, MSPH, MSN, IBCLC, RN, RM, RLC

A utilização da saúde móvel ultrapassa as barreiras geográficas e pode melhorar o acesso dos utentes aos profissionais de saúde e a aceitação dos serviços de cuidados de saúde através do intercâmbio de informações relacionadas com a saúde. Os sistemas de saúde em todo o mundo estão sujeitos a uma pressão cada vez maior para funcionar sob múltiplos desafios de saúde, escassez crónica de pessoal e orçamentos limitados, o que dificulta a escolha das intervenções. A tecnologia móvel tem sido utilizada em África para melhorar os cuidados de saúde.

Utilização de telemóveis na educação médica

No Uganda, foi implementado um sistema denominado mTRAC, que contém dados sobre as existências de medicamentos em todo o país. Foram testadas outras iniciativas digitais relacionadas com a cadeia de abastecimento de medicamentos. A tecnologia móvel também facilitou o acesso à educação médica - um elemento vital de um sistema de saúde melhorado.

A utilização do EpiSurveyor pelo Senegal para a recolha de dados sobre saúde materna

Tecnologia O EpiSurveyor, também conhecido como Magpi, originalmente desenvolvido para apoiar campanhas de vacinação infantil em todo o mundo, é agora utilizado para educação sanitária, resposta a surtos, coordenação de programas, monitorização, avaliação e muito mais. Estas actividades de recolha de dados móveis são utilizadas para avaliar programas contra a malária, o sarampo, a água e o saneamento e outras ameaças à vida e à saúde em todo o mundo, incluindo a satisfação do cliente, a eficácia do programa, a logística e as questões da cadeia de abastecimento. é uma ferramenta baseada na Web e em telemóveis que simplifica a recolha de dados sobre saúde pública e outros dados em telemóveis. Utilizável em telemóveis comuns disponíveis em todos os países, bem como em PDAs e numa variedade de smartphones, o EpiSurveyor é uma ferramenta simples e sem custos que requer apenas conhecimentos básicos de processamento de texto e de telemóvel para ser utilizada. Os formulários de inquérito podem ser descarregados e modificados, os dados introduzidos e sincronizados. As versões recentes do EpiSurveyor incluem análises automatizadas em tabelas e gráficos, relatórios por correio eletrónico e carregamento de dados por SMS. Tem um tempo de processamento de dados mais rápido que foi alcançado nos seis meses do programa no Senegal. As lacunas no sistema de saúde foram reveladas mais rapidamente. Por exemplo, os dados recolhidos pelo EpiSurveyor em vários distritos revelaram a falta de um instrumento básico para o parto, chamado partograma. O partograma é uma ferramenta gráfica utilizada pelas parteiras para monitorizar o processo de trabalho de parto e garantir um parto seguro. O sistema eficaz, barato e simples ajuda os agentes comunitários de saúde e as parteiras a identificar desvios da trajetória esperada do parto que possam exigir intervenções adicionais. Em áreas onde a mortalidade materna é um desafio predominante, o partograma tem demonstrado melhorar as hipóteses de sobrevivência da mãe e do filho. No entanto, apesar dos reconhecidos benefícios da ferramenta, os dados recolhidos pelo EpiSurveyor no Senegal revelaram que apenas 55% dos distritos inquiridos monitorizavam sistematicamente o trabalho de parto utilizando o partograma. Com base nestes dados, o Ministério da Saúde do Senegal aumentou a distribuição de partogramas e pediu aos funcionários no terreno que incentivassem as parteiras a utilizar a ferramenta em todos os partos. Durante os inquéritos de acompanhamento, os profissionais de saúde que utilizaram o EpiSurveyor verificaram a utilização dos partogramas e, quando necessário, notaram que era necessária formação para garantir a utilização eficaz da ferramenta.

Com base neste sucesso, o Ministério da Saúde e a OMS conceberam um plano de expansão para equipar mais profissionais de saúde com o EpiSurveyor a funcionar em dispositivos móveis para aumentar a recolha de informações de saúde actualizadas das instalações de saúde em todo o país. Para além de expandir a utilização do EpiSurveyor a outras regiões, os funcionários senegaleses também consideraram a sua utilização na vigilância de doenças, onde os dados e a análise atempados são fundamentais para uma tomada de decisões eficaz.

Mhealth na África Ocidental: Um relatório sobre o panorama

Este relatório fornece uma visão geral da atividade de saúde móvel e da utilização da tecnologia móvel para melhorar os resultados de saúde na região da África Ocidental, incluindo os 15 países da Comunidade Económica dos Estados da África Ocidental (CEDEAO) e dois países adicionais de interesse para a Missão da USAID na África Ocidental. Estes são: Benim, Burkina Faso, Camarões, Cabo Verde, Costa do Marfim, Gâmbia, Gana, Guiné, Guiné-Bissau, Libéria, Mali, Mauritânia, Níger, Nigéria, Senegal, Serra Leoa e Togo.

O programa, lançado em 2011 pela Universidade de Glasgow, permite que centenas de profissionais de saúde da linha da frente na parte sul do país informem sobre casos de raiva através do seu smartphone. A sua informação é combinada com relatórios de veterinários, que estão a seguir e a tratar casos de raiva entre as suas populações, e de cientistas ambientais que estão a analisar a forma como a doença se pode propagar, para criar uma base de dados abrangente que pode ser acedida em tempo real em dispositivos móveis. Os smartphones são uma plataforma m-Health ideal para o programa porque a maioria dos serviços de saúde e veterinários no país têm acesso à Internet e energia pouco fiáveis, embora todos tenham cobertura telefónica fiável. Também substituem o método tradicional de relatórios em papel e caneta, e todos os dados são armazenados numa base de dados central que pode ser acedida através de um dispositivo móvel ou computador por prestadores de cuidados de saúde e funcionários do governo.

Pensamento reflexivo (rt)

RTWEEK1:

A Base de Dados de Informação sobre Saúde Combinada é uma base de dados bibliográfica produzida por agências relacionadas com a saúde do governo federal. Esta base de dados fornece títulos, resumos e informações sobre a disponibilidade de informações sobre saúde e recursos de educação para a saúde. Explore a forma como um consumidor de cuidados de saúde pode encontrar a resposta a uma pergunta simples relacionada com a saúde. Esta base de dados fornece facilmente respostas a perguntas simples? Como é que pode ser melhorada?

RTWEEK 2:

Sítios de informação sobre saúde Muitas organizações de cuidados de saúde estão agora a fornecer informações a médicos e consumidores nos seus sítios Web. O Hospital Virtual é um sítio de informação sobre saúde muito popular entre os médicos e os consumidores. Em " What' s New on the Virtual Hospital", poderia ser desenvolvida uma base de dados que facilitasse a procura de novas informações para os utilizadores que visitam este sítio? Como é que se poderia estruturar uma base de dados com esta informação?

RTWEEK 3:

Proteger dados de cuidados de saúde - Cada vez mais, as organizações estão a adotar formas de implementar a Health Information Portability and Accountability Act de 1996 (HIPAA), especialmente nas áreas da privacidade e segurança. Reveja a secção "Cuidados de Emergência" e elabore uma lista de elementos importantes que poderão ter de ser considerados quando as informações sobre cuidados de saúde estiverem online.

RTWEEK 4:

e-veloping Data Integrity Policies - Imagine que lhe foi pedido para desenvolver políticas relacionadas com a integridade dos dados. Que tipos de recursos utilizaria para criar um quadro de políticas? Descreva como e onde poderia explorar a Internet para obter recursos relacionados com a integridade dos dados.

RTWEEK 5:

Reveja as informações relacionadas com o código de conduta profissional publicadas nos sítios Web de vários prestadores de cuidados de saúde. Alguns exemplos de organizações com tais sítios Web incluem a American Medical Association (AMA), a American Pharmaceutical Association (APA) e a American Nurses Association (ANA). O que é que estes códigos de conduta têm em comum e como é que se aplicam à informática nos cuidados de saúde?

REFERÊNCIAS

Atun, R. & Sittampalam S. (2006). Review of the Characteristics and Benefits of SMS in Delivering Healthcare. *The Role of Mobile Phones in Increasing Accessibility and Efficiency in Healthcare Report.* Berkshire, Reino Unido: Vodafone.

Aremo G. (2004). Gestão dos registos de saúde na Nigéria. *Congresso da IFHRO e Actas da Convenção da AHIMA.* Recuperado de library.ahima.org

Barclay, E. (2009). Text Messages could hasten tuberculosis drug compliance. *The Lancet*, 373 (9657), 15-16.

Bloomberg M. & Frieden T. R(2016). O que significam os registos de saúde electrónicos para a nossa prática? O Departamento de Saúde e Higiene Mental de Nova Iorque.

Centros de Controlo e Prevenção de Doenças. (2011). O aumento dos custos dos cuidados de saúde é insustentável. Recuperado de www.cdc.gov/workplacehealthpromotion/businesscase/re asons/rising.html.

Coyle, S. (2012). Vencer o medo da tecnologia. Advance for Nurses. Retrieved from http://nursing. advanceweb.com/Features/Articles/Conguering-the-Fear- of-Technology.aspx·

Dogo, M. (2009). Apresentação de um trabalho não publicado sobre

"Alcançar os 4th & 5th Objectivos de Desenvolvimento do Milénio (ODM) na Nigéria: The NHIS - MDG MCH Project" em 9 de junho de 2009 na Conferência Nacional de Saúde de 2009 em Akwa-Ibom.

eHealth Africa, Projectos. Obtido em 7 de outubro de 2017 em http://ehealthafrica.org/portfoliosets/projects/

Evans, W., Abroms, L., Poropatich, R., Nielsen, P., & Wallace, J. (2012). Métodos de avaliação da saúde móvel: o estudo de caso do Text4baby. Jornal de Comunicação em Saúde, 17(Suppl 1):22-29.

Folami, F. (2015). Estratégias baseadas em evidências para reduzir as barreiras à educação baseada na Web de uma população clínica pré-natal de baixa renda no Hospital Midwestern em Illinois EUA em aplicações inovadoras de ferramentas de tecnologia educacional no ensino e aprendizagem, editado por Blessing F. Adeoye.

Folami, F & Adeoye, B. (2012). Avaliação das necessidades educativas das Tecnologias de Informação e Comunicação (TIC) dos estudantes de enfermagem da Universidade de Millikin. Revista Africana do Ensino Superior (AHER), 5, ISSN: 2141-1905

Free, C., Phillips, G., Galli, L., Watson, L., Felix, L., et al., (2013). A Eficácia da Mudança de Comportamento de Saúde Baseada em Tecnologia de Saúde Móvel ou Intervenções de Gestão de Doenças para Consumidores de Cuidados de Saúde: A Systematic Review. *PLoS Med* 10.1: e1001362.

doi:10.1371/journal.pmed.1001362.

Goggin, G. (2006). *Cell Phone Culture: Mobile Technology in EverydayLife.* NewYork: Routledge.

Glynn, L., Murphy, A., Smith, S., Schroeder, K., & Fahey, T (2010). Intervenções utilizadas para melhorar o controlo da pressão arterial em doentes com hipertensão. Cochrane Database System, Rev. 3, CD005182 (2010).

Gardner, R (2004). "Apoio computorizado à decisão clínica em cuidados respiratórios". Respiratory Care 49: 378-388.

Gunter, Tracy D; Terry, Nicolas P (2005). "O surgimento de arquitecturas nacionais de registos de saúde electrónicos nos Estados Unidos e na Austrália: Models, Costs, and Questions". Journal of Medical Internet Research. 7 (1): e3. PMC 1550638 Acesso livre. PMID 15829475. doi:10.2196/jmir.7.1.e3.

Habib, J. L. (2010). "EHRs, uso significativo e um modelo de EMR". Tendências de benefícios de medicamentos. 22 (4): 99-101.

Lobach. (2005). "Melhorar a prática clínica utilizando sistemas de apoio à decisão clínica: uma revisão sistemática dos ensaios para identificar as caraterísticas críticas para o sucesso". BMJ 330 (7494): 765. doi:10.1136/bmj.38398.500764.8F. PMC 555881. PMID 15767266..

Idowu, P., Cornford, D & Bastin, L. (2008). Health informatics development in Nigeria, Journal of Health informatics in Developing contries. 2(1).

Kahn, J., Yang, J., & Kahn, J. (2010). Mobile health needs and opportunities in developing Countries [Necessidades e oportunidades de saúde móvel nos países em desenvolvimento]. Health Affairs, 29 (2), 254-261.

Noordam, A., Kuepper, B., Stekelenburg, J., & Milen, A. (2011). Improvement of maternal health services through the use of mobile phones (Melhoria dos serviços de saúde materna através da utilização de telemóveis). *Tropical Medicine International Health*, 16.5:622-626.

Odetola, T., & Okanlawon, F. (2016). Efeitos da intervenção de enfermagem mHealth na adoção de cuidados pré-natais e medicamentos para a gravidez entre as mulheres grávidas que frequentam os PHC no estado de Oyo. *Jornal da Sociedade Internacional de Telemedicina e Saúde Eletrónica,* ISSN 2308-0310, Vol.4, e13(1-7); http://journals.ukzn.ac.za/index.php/JISfTeH/article/view/ 76

Obilor, N.0 & Obilor, B.C (2014). Conceitos e Questões de Informática em Enfermagem. Primeira edição, Samdavies Publishers, Ibadan, Estado de Osun.

Olubiyi S.K. (2008): Primary Health Nursing. Primeira edição. Imprensa da Universidade Nacional Aberta da Nigéria, Kaduna.

Parker, R Obilor, N.O & Obilor, B.C (2014). Nursing InformaticsrEssential Concepts and Issues in Nursing. Primeira edição, Samdavies Publishers, Ibadan, Osun State, Dmitrieva, E., Frolov, S., & Gazmararian, J. (2012}. Text4baby nos Estados Unidos e na Rússia: uma oportunidade para compreender como a saúde móvel afecta a saúde materna e infantil. Journal of Healthy Communities, 17(Suppl 1), 30-36.

Rice, R., & Katz. J. (2003). Comparing Internet and mobile phone usage: Digital divides of usage, adoption and dropouts. *Telecomm Policy*. 27:297-623.

Singh, A., Pallikadavath, S., Ogollah, R., Stones. W. (2012). Vacinação materna contra o toxoide tetânico e mortalidade neonatal na zona rural do norte da Índia. PLoS ONE 7.11: e48891. doi:10.1371/journal.pone.0048891

Steinbrook, R. (2009) Health care and the American recovery and reinvestment act. The New England Journal of Medicine, 360 (p. 1057-1060). Obtido em

www.neim.org/doi/full/10.1056/NBMp Q900665

Anand S, Barnighausen T: Human Resources and Health Outcomes: Cross-country econometric study. Lancet. 2004, 364: 1603-1609. 10.1016/S0140-6736(04)17313-3.

Terry, M. (2008). Mensagens de texto nos cuidados de saúde: O elefante que está a bater à porta. Telemedicine Journal and E-Health, 14, 520-524. D0kl0.1089/tmj.2008.8495.

TPR Media. (2012). Soluções de comunicação UbiCare para os cuidados de saúde. Qual é o seu QE? Um olhar sobre o envolvimento dos cuidados de saúde no Facebook®. Recuperado de https://ubicare.com/engaqement.

Organização Mundial de Saúde (2005). *World Health Report 2005: make every mother and child count*. Genebra: OMS http://www.who.int/whr/2005/en/index.html acedido em 4 de novembro de 2016.

Organização Mundial de Saúde (2011). mHealth: Novos horizontes para a saúde através da tecnologia móvel: segundo inquérito global sobre saúde eletrónica. *Imprensa da OMS*: Genebra.

Weber. (2014). Impactos da tecnologia de apoio à decisão clínica da enfermagem e da prática médica nos cuidados críticos dos EUA. Revista Canadiana de Informática em Enfermagem, 9,4

Printed by Books on Demand GmbH, Norderstedt / Germany